可愛くなりたい全ての女子へ

UKITA BOB

美容師 ウキタ（浮田萩介）

SHUSUKE UKITA

UKITA BOB

Prologue

「有名な美容師になる」数年前、上京を決め
てからやっとここまでこられました。いま
現在、有名か有名じゃないかは定かではあ
りませんが、"どうしたらもっとかわいく
できるのか"を死に物狂いで追究してきた
これまでの成果をこの本を通して感じてみ
てください。あなたの明日が少しでも変わ
るきっかけになりますように。

CONTENTS

CHAPTER 1

COLLABORATION

UKITA × SAKURA × KANEKO MIYU

1万人以上の顧客を抱える美容師ウキタ。
その中でも担当歴が長く信頼の厚いさくらと金子みゆ。
流行の最先端を走るボブモデルとの豪華共演。

Hairdresser
UKITA

多くの著名人、モデル、クリエイターの
ヘアカットを手がけるほか、"さくら""金
子みゆ"のヘアスタイルも数年間任され
ている。老若男女さまざまなタイプや似
合わせを知り尽くしているウキタはいま
もっとも注目されている美容師。

Model
SAKURA

Popteen専属モデル／TikTokフォロワー
210万人／特技：ダンス、振り付け／Cool
なヴィジュアルとPopな内面を持ち合わ
せた現役高校生カリスマタレント。ダン
スもYouTubeもモデルもマルチにこな
す。

Model
KANEKO MIYU

元"LinQ"メンバー（福岡を拠点に活動す
るアイドル）／TikTokフォロワー220万
人／特技：コミュニケーション（誰とでも
仲良くなる）／SNSでのコミュニケーショ
ンを大切にしていることから注目度が高
まっている。モデルやタレントとしても
勢力的に活動しており勢いは止まること
を知らない。

SAKURA × UKITA

さくら × ウキタ

顎下３センチの内巻き

オーダー率No.1ヘアスタイル。
どんなファッションやメイク
にも合いやすく、乾かすだけで
まとまるという楽さから多くの
人に選ばれている。(詳しくは
P24〜25▶)

細めのコテアイロンで波っぽく
巻くことで自由な動きを出して
いる。ここぞという日に最適。
（詳しくはP26〜29▶）

ふわふわウェーブボブ

今っぽちょんまげアレンジ

巻いた髪をベースにトップでゆ
るく束ねるだけ！さっとひと手
間で気分も雰囲気も明るくなる。
（詳しくはP30▶）

HOW TO BECOME
SAKURA BOB

さくらボブになるには

誰が見てもかわいいのはもちろん、短すぎず
トライしやすい長さということからさくらボ
ブのファンは多い。みんなが知りたいさくら
ボブの全てをお見せします。

☑ SAKURA BOB DATA

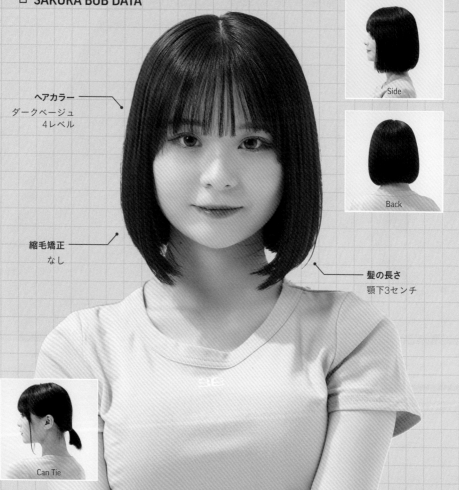

ヘアカラー ─────
ダークベージュ
4レベル

縮毛矯正 ─────
なし

髪の長さ
顎下3センチ

Side

Back

Can Tie

HOW TO DO A SELF-SET »

ハチから上をピンで留める。

180℃のストレートアイロンを根元付近から通す。

ピンを外して表面も自然な内巻きに。

後ろ側は見づらいので首を捻り少し前方に持ってくる。

ボブオイルをワンプッシュ。（P35にて紹介）

毛先→全体→前髪→あほ毛抑えの順番で馴染ませる。

HAIR-SET FOR MAKEOVER : 1

変身ヘアセット：1

ノーセットで
ボサボサ…

BEFORE

変身！
>>>

内巻きウェーブ
アレンジ

AFTER

PROCESS »

ハチから上をピンで留め
る。

26ミリのコテアイロン
180℃でワンカール。

ピンを外して表面の毛先
をワンカール。

ワンカール部分から少し
ずらして外ハネ。

外ハネ部分から少しずら
してワンカール。

後ろも同様に毛先をワン
カール。

ワンカール部分から少し
ずらして外ハネ。

外ハネ部分から少しずら
してワンカール。

トイプードルのようなモ
コっとしたシルエットで、
かわいさを掻き立てるヘア
スタイル。シンプルなボブ
に飽きてヘアセットで何か
変えたいときにオススメ。

HAIR-SET FOR MAKEOVER : 2
変身ヘアセット：2

さっきの
ヘアセットに
もうひと手間
加えると…

ナチュラル
ウェーブアレンジ

もうひと手間！
>>>

BEFORE

AFTER

PROCESS »

1

顔まわりあたりから5ミリぐらいの細さで一束をと
り縦巻き。

2

全体的にある程度均等になるように8本〜10本巻い
ていく。

外国人のようにナチュラル
なくせ毛をイメージした巻
きアレンジ。ヘアオイルを
つけてウェットな質感にす
れば、メリハリが出ておしゃ
れ度アップ。

"JITAN" BOB ARRANGE : 1

時短ボブアレンジ : 1

» ひとつ結び

PONY
TAIL

あまり多くの髪の毛を取りすぎないように注意して、
毛量を調整しながらハチから上あたりをチビゴムで束ねる。

"JITAN" BOB ARRANGE : 2

時短ボブアレンジ：2

» キャップ

CAP

ちょっと出掛けたいときや寝癖がひどいときなどは
さっとキャップを被れば2秒で完成！
耳まわりの髪の毛は雑にならないように気をつけて。

SAKURA BOB SELF BANGS CUT
さくらボブのセルフ前髪カット

———

PROCESS »

右黒目の内側〜左黒目の内側までの幅で前髪をとる。

反対側の手で軽く挟んで1〜2ミリずつカット。

クシでいつもの形に前髪を広げたら右側付近のガタ
つきを真っ直ぐにカット。

左右対称になるように左側も同様にカット。

SAKURA BOB SELF BANGS SET
さくらボブのセルフ前髪セット

―

PROCESS »

180℃のストレートアイロンを軽く通す。

固まるスプレーをふわっとかける。

スプレーが固まる前にクシで形を整える。

爪で隙間を調整する。

POSE THAT LOOKS GOOD WITH A BOB HAIRSTYLE
ボブで盛れちゃうポーズ

—

#1

#2

#3

ITEMS FOR ACHIEVING A SAKURA BOB HAIRSTYLE

さくらボブになるためのアイテム

| ITEM 01 | **bob oil.**

| ITEM 02 | **bob shampoo.**

（詳しくはP100〜101▶）

BEHIND THE SCENES OF SAKURA BOB
さくらボブの裏側

──────

Q.1
さくらちゃんはどれぐらいの頻度で髪を切っているの？

月2くらい！

イベント前や大事な予定の前には必ず行ってます！
あとイメチェンしたい時も必ずウキタさんにお願いしています。

by さくら

Q.2
さくらちゃんの写真はどんな感じで撮っているの？

明るい写真の仕上がりを目指して、いっぱいの自然光を使える
ようなるべく屋外に出る！

by ウキタ

撮影した写真 》

MESSAGE FROM SAKURA TO UKITA

さくらからウキタへメッセージ

出版おめでとうございます〜♡
いつもほんとにありがと〜！！
もうお世話になって3年目！超早い！
毎回丁寧にメンテナンスしてくれて
お友達のように楽しく話してくれるから大好きー！
これからも末永くよろしくお願いします！
ウキタぼぶしか勝たんっ♡

KANEKO MIYU × UKITA

金子みゆ × ウキタ

顎ラインの最小顔ボブ

オーダー率No.2ヘアスタイル。
頭の骨格にフィットしてフェイ
スラインを包み込んでくれる長
さ。首の長さも最大限にシュッ
としで見える。(詳しくはP46
〜47▶)

普段使いは少ないがイベント系
の場面にはもってこいのヘアア
レンジ。周りの目線が釘付けに
なること間違いなし！（詳しく
はP50〜51▶）

ハーフツインアレンジ

低めツインテール

男性でこの髪型が嫌いな人は
まずいない。幼さで攻めるとき
は迷わずやるべき。（詳しくは
P52▶）

Page
43

HOW TO BECOME KANEKO MIYU BOB

金子みゆボブになるには

ヘアスタイルの中で圧倒的に小顔効果のある
ボブ。更に首がキレイに見えるということか
ら金子みゆボブのファンは多い。みんなが知
りたい金子みゆボブの全てをお見せします。

☑ KANEKO MIYU BOB DATA

ヘアカラー ────
ダークブラウン
5レベル
インナーカラーあり

縮毛矯正 ────
なし

髪の長さ
顎先ライン

Side

Back

Can Tie

絡まりをなくすように全体を優しくとかす。

サイドの中間〜毛先を内巻きに。

後ろ側はアイロンの角度に気をつける。

ボブオイルをワンプッシュ。(P100にて紹介)。

握りながら全体に馴染ませる。

最後に前髪→触覚の順番につける。

MAKEOVER HAIR SET : 1
変身ヘアセット : 1

ガーリー外ハネ
アレンジ

変身!

>>>

ノーセットで
ボサボサ…

BEFORE

AFTER

PROCESS »

1

ハチから上をピンで留める。

2

ストレートアイロンで毛
先を外ハネ。

3

ピンを外して表面の中間
部分を半カール。

4

半カール部分を反対の指
で挟んで毛先を外ハネ。

活発な女の子がテーマの外
ハネヘア。サイドに少しの
ボリュームを入れることで
今っぽさをプラスしている。

MAKEOVER HAIR SET : 2
変身ヘアセット：2

さっきの
ヘアセットに
もうひと手間
加えると…

もうひと手間！
>>>

ハーフツイン
アレンジ

BEFORE

AFTER

PROCESS »

1

サイドの上半分を分けとりチビゴムで結ぶ。

2

左右対称の位置で反対側も結ぶ。

ツインアレンジが高めの位
置にあるアイドルヘア。慣
れたら10秒ほどでできる
のも手軽で嬉しい。

"JITAN" BOB ARRANGE : 1

時短ボブアレンジ：1

———

» ふたつ結び

TWIN
TAIL

全体の髪の毛を縦半分に分けて
左右それぞれをチビゴムでしっかり結ぶ。
もみあげの後れ毛を出すのがかわいさのポイント。

"JITAN" BOB ARRANGE : 2

時短ボブアレンジ：2

```
» キャップ
```

CAP

ツインテールアレンジにキャップを被ることで
甘い雰囲気に寄りすぎるのを防ぐ。
浅めに被ると明るい印象になるのでオススメ。

KANEKO MIYU BOB SELF BANGS CUT

金子みゆボブのセルフ前髪カット

―――

PROCESS »

1

右黒目の中心～左黒目の中心までの幅で前髪をとる。

2

反対側の手で軽く持ち上げ1～2ミリずつカット。

3

■でとった前髪の幅からさらに1センチとり斜めにカット。

4

前髪と顔まわりの繋がりがキレイになるように整える。

KANEKO MIYU BOB SELF BANGS SET

金子みゆボブのセルフ前髪セット

PROCESS　»

スプレーヤーで前髪を濡らす。

こすりながら乾かす。

180℃のストレートアイロンを前髪と前髪の横の髪の毛に軽く通す。

クシで整えたあと固まるスプレーでキープする。

POSE THAT LOOKS GOOD WITH A BOB HAIRSTYLE

ボブで盛れちゃうポーズ

―

#1

#2

#3

ITEMS FOR ACHIEVING A KANEKO MIYU BOB HAIRSTYLE

金子みゆボブになるためのアイテム

| ITEM 01 | **bob treatment.**

| ITEM 02 | **デミ パタゴニックオイル エクストラ**

（詳しくはP100〜101▶）

BEHIND THE SCENES OF KANEKO MIYU BOB
金子みゆボブの裏側

———

Q.1
金子みゆちゃんはどれぐらいの頻度で髪を切っているの？

月に2から3回！

髪の毛が少し伸びたなって感じになったら
行きたくなってしまいます！

by金子みゆ

Q.2
金子みゆちゃんの写真はどんな感じで撮っているの？

インカメラにして表情や角度など二人で写り具合を確認してい
る！
byウキタ

撮影した写真 »

MESSAGE FROM KANEKO MIYU TO UKITA

金子みゆからウキタへメッセージ

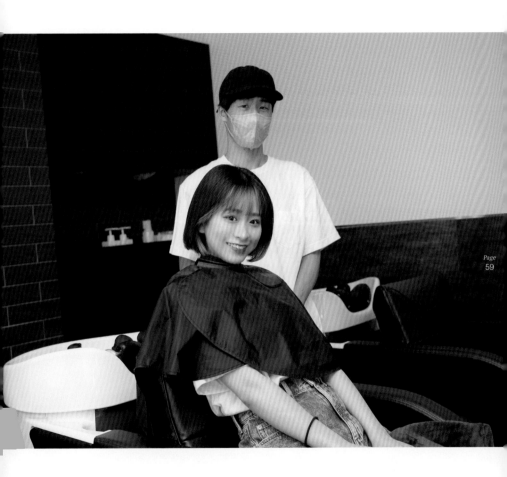

まずは出版おめでとうございます！！！！
いつも髪の毛可愛くカットしてくれてありがとうございます!(´▽`)
これからも可愛いボブカットよろしくお願いします！！！
うきたさんのぼぶがめちゃくちゃ好きです！
お写真も可愛く撮ってくれて幸だなと思っております!(´▽`)
これからもよろしくお願いします！！！

CHAPTER 2
▼

DAILY ARRANGE

毎日を簡単にかわいくする

テクニックがなくても
ちょっとしたコツやアレンジアイテムを使えば、
日常に使えるヘアアレンジは無限大！
いつものヘアスタイルがキラキラ輝く、
簡単アレンジをご紹介します。

Name **西 綾乃**

TikTok フォロワー［42万人］
Instagram フォロワー［16万人］

ARRANGE 1 "MARUMI" BOB ARRANGE | まるみボブアレンジ

コロンとした丸みのあるボブ。カールを強くすることでキュートな印象になり、片側を耳にかけたらかわいさ倍増。

BEFORE

AFTER

PROCESS »

コテアイロンでワンカール

サイドを横半分の二つに分け、下
側の毛先を26ミリのコテアイロン
180℃で一回転。

角度を下げてワンカール

下側と同様に上側も毛先をワン
カール、その際アイロンの角度を
上げすぎると跡がついてしまうの
でなるべく下げるようにする。

**前側に引っ張りながら
ワンカール**

後ろ側は見えないので、アイロン
で挟んだあと滑らせながら前に
持ってきてカール具合をチェック
する。

ARRANGE 2 # HEADBAND ARRANGE | カチューシャアレンジ

ボブとの相性抜群のカチューシャ。頭を動かしても顔に髪がかかってこない上にフェミニンな
印象になれる。

ITEM »

AFTER

PROCESS »

カチューシャをつける

両サイドの髪の毛を耳にかけ、少し
上を向いてカチューシャをセット。

耳裏の髪を出す

耳裏の髪の毛を軽く引っ張って前
方に出し整える。

POINT »

カチューシャをつけた後
に耳裏の髪の毛を出すこ
とで、古臭く見えるのを
防ぐ。このひと手間で一
気にいまっぽくなる。

Name **Mizuki**

TikTok フォロワー［67万人］
Instagram フォロワー［14万人］

ARRANGE 1 # HAIR IRON ARRANGE | コテアイロン・ウェーブアレンジ

波ウェーブで自然な動きを出すアレンジヘア。いろんな髪型、メイク、ファッションに馴染みやすく絶対外したくない日に使える。

BEFORE

AFTER

PROCESS »

コテアイロンで外ハネ

サイドを横半分の二つに分け、下側の毛先を26ミリのコテアイロン180℃で外ハネ。

少しずらして内巻き半カール

1の外ハネ部分から少し上にずらして中間部分を内巻き半カール。

表面は内→外→内

表面の上側は毛先から内巻きワンカール、少し上にずらして外ハネ、ずらして内巻き半カールの順番でウェーブ巻きを作る。

ARRANGE 2 # GLASSES ✕ BOB 　　　　　　　| 　　　　メガネ×ボブ

ギャップでドキッとするメガネアレンジ。メガネとはアンバランスなヘアスタイルやファッションでも、そのギャップが好印象となり異性の心を動かす。

ITEM ≫

POINT »

縁が大きめのメガネを使
うことで、目にかけても
よし、頭の上にかけても
かわいい。

Name **ひなた まる**

TikTok フォロワー［34万人］

Instagram フォロワー［17万人］

ARRANGE 1 **OUTCURL ARRANGE** | 外ハネアレンジ

シンプルで綺麗な外ハネボブ。ちょうど肩にあたる長さにカットすることで、ヘアアイロンで巻かなくても勝手に外にハネやすい。

BEFORE

AFTER

PROCESS »

コテアイロンで外ハネ

サイドの毛先を26ミリのコテアイ
ロン180℃で外ハネ。

小さくハネるように外ハネ

反対側のサイドも同様に外ハネ。
外ハネがぐるんと大きくならない
ように、ちょこっとハネさせる意
識で。

前側に引っ張りながら外ハネ

後ろ側は見えないので、アイロン
で挟んだあと滑らせながら前に
持ってきて外ハネ具合をチェック
する。

ARRANGE 2 # MINI CLIP ARRANGE | ミニクリップアレンジ

カラフルで映えるミニクリップ。自分好みのかわいいカラーや使い方に決まりはなく、可能性は無限にある。

ITEM ≫

AFTER

PROCESS »

ハチの位置で留める

顔まわりの髪の毛を少し残して、ハチあたりの1〜2センチの毛束をつまみミニクリップで留める。

眉上の位置で留める

一つ目のミニクリップから少し下の眉毛の上あたりの位置で留める。

POINT »

右側と左側でミニクリップのカラーを変えることで、遊びが出ておしゃれ。留める位置が低くなると重たく見えるので注意。

Name **ひかりんちょ**

TikTok フォロワー［110万人］
Instagram フォロワー［20万人］

ARRANGE 1 # FLUFFY ARRANGE | ふんわりアレンジ

型にはまらない、ふわっとエアリーなアレンジヘア。あえてボリュームが出るように巻くことで無造作なこなれ感を演出する。

BEFORE

AFTER

PROCESS »

コテアイロンで外ハネ

サイドを横三等分のうちの一つに
分け、毛先を26ミリのコテアイロ
ン180℃で外ハネ。

コテアイロンで内巻き

二段目を分けとり毛先を内巻きワ
ンカール。

**二段目、三段目は
ウェーブ巻き**

二段目の内巻きワンカールから少
し上にずらして外ハネ。表面の三
段目は毛先を外ハネ、ずらして内
巻き半カール、ずらして外ハネの
順番でウェーブ巻きを作る。

ARRANGE 2 # BANGS UP ARRANGE | 前髪アップアレンジ

綺麗なおでこを見せていく前髪アップアレンジ。女の子のおでこ全開は勇気がいるけど男性で
嫌いな人は誰一人としていない。

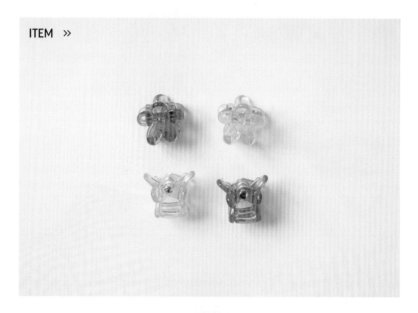

ITEM »

AFTER

PROCESS »

前髪を半分に分ける

前髪をクシを使ってジグザグにセンターで分ける。

ねじりながら留める

分けた前髪の片方を後ろ側に向かってねじりながら、中間付近をミニクリップで留める。

左右対称に留める

反対側の前髪も同様にねじり、一つ目と左右対象の位置にミニクリップを留める。

Name **あみち。**

TikTok フォロワー［95万人］
Instagram フォロワー［15万人］

NATURAL STRAIGHT ARRANGE | ナチュラル ストレートアレンジ

THE清楚女子のストレートボブ。毛先のカールを真っ直ぐめにすることで、決めすぎない素髪スタイルになる。

BEFORE

AFTER

PROCESS »

ストレートアイロンを通す

サイドの髪の毛にストレートアイ
ロン180℃を通すように軽く内巻
き。

中間からアイロンを通す

反対側のサイドも同様に中間あた
りからゆっくりとアイロンを滑らせ、
熱が髪の毛に伝わるように軽く内
巻き。

上に引き出しながら内巻き

後ろ側は見えないので髪の毛を掴
んだら上方向でアイロンを挟み、
そのまま上に向かって軽く内巻き。

ARRANGE 2 **EXTENSIONS** ✕ **BOB** | エクステ×ボブ

気軽にカラーヘアをプラスできるシールエクステ。ダメージ0な上にワンタッチでインナーカラーが楽しめる最先端アイテム。

ITEM »

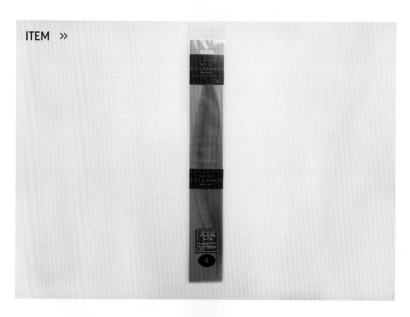

AFTER

PROCESS »

シールエクステを貼り付ける

ハチあたりで髪の毛を分け、生え
際に5ミリ幅の薄い毛束をとる。
シールエクステのシールを剥がし、
毛束の根元から貼り付ける。

しっかりと貼り付ける

反対側も同様にシールエクステを
貼り付ける。シール部分が剥がれ
てこないようにペンチなどでしっ
かりと挟むとなおよし。

地毛に合わせてカット

貼り付けたシールエクステを地毛
の髪の毛の長さに合わせて、ハサ
ミとは逆の手で押さえながらカッ
トする。

Name 永野好音

TikTok フォロワー[61万人]
Instagram フォロワー[11万人]

ARRANGE 1 **STRAIGHT IRON WAVE ARRANGE** | ストレートアイロン・
ウェーブアレンジ

不器用さんでもできちゃうストレートアイロンアレンジ。難易度高めの波ウェーブも、扱いや
すくて安全なストレートアイロンなら楽勝。

BEFORE

AFTER

PROCESS »

根元から波ウェーブ

サイドを横半分の二つに分け、ストレートアイロン180℃で根元付近から波ウェーブを作る。

一定のウェーブ感を意識して

根元から内巻き、外ハネをくねくねと繰り返しながら進めていく。その際ウェーブが大きくなったり小さくなったりしないように均一に作る。

毛先はしっかりカール

ウェーブの最後、毛先は巻きがとれやすいのと全体のバランスをとるためにやや大きめにしっかりとカールをつける。

ARRANGE 2 **BRAID ARRANGE** | 三つ編みアレンジ

子供っぽくならない大人女子向けの編み込みアレンジ。レトロな雰囲気の三つ編みも、ほぐし
方と結び方で一気にいまっぽくなっちゃう。

AFTER

PROCESS »

1

三つ編みをする

全体の髪の毛をセンターで半分に
分け、三つ編みをする。

2

指でほぐす

2/3あたりまで編んだら、編み目
を指先で細くつまみながらほぐす。
ほぐせたらチビゴムで結ぶ。

POINT »

ほぐす際は細い毛束の線
を引き出すイメージ。ほぐ
しすぎると三つ編み自体
が大きくなってしまい格
好悪い上に最初から三つ
編みをやり直さないと修
正できないので慎重に。

ABOUT
HAIRDRESSER
UKITA

美容師 ウキタという男

これまで明かされることのなかった胸の内。
暗く泥臭いところから明るみに出て注目されるまで。
平凡以下の自分が何者かになりたくて
もがいてきた数年間の軌跡。

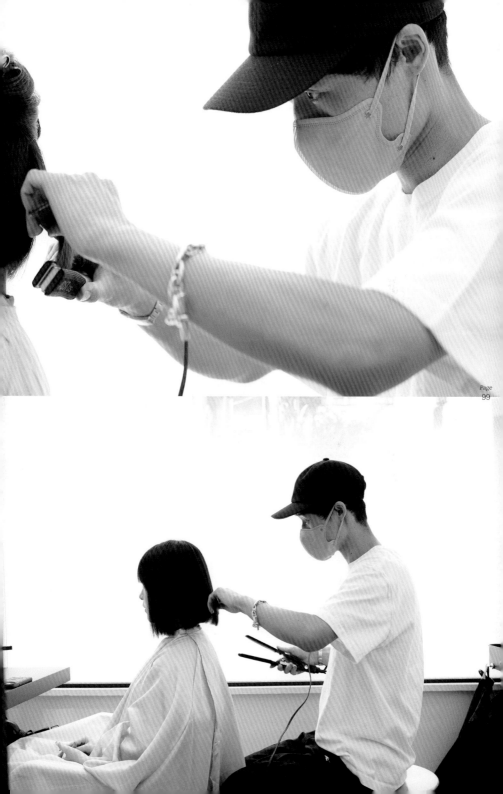

▼

UKITA'S
ORIGINAL SERIES

HAIR OIL ╱ SHAMPOO ╱ TREATMENT

▶ **ウキタのお客様が使う必須アイテム**

サラサラでまとまるヘアスタイルをサポートするヘアケアシリーズ。
さわやかな香水をイメージした香りで、老若男女全ての人におすすめしたい。

ご購入はこちら

ORIGINAL HAIR OIL
bob oil.

オレイン酸を多く含んだ良質なオーガニックオイルを配合しており、スタイリングすることで濡れ髪/束感/毛先の動き/ツヤを出し、クセ/湿度による広がりを抑えます。99%以上が天然成分でできているため、お肌の保湿オイルとしてもご使用いただけます。

ORIGINAL SHAMPOO
bob shampoo.

カシミヤケラチンとシルク PPT がダメージホールを修復し、まるでトリートメントをしたかのようなツヤと手触りが実感できるデイリーシャンプー。リッチに配合されたアミノ酸系洗浄成分がもちもちの泡で髪と頭皮を洗い上げます。

ORIGINAL TREATMENT
bob treatment.

毎日簡単にダメージ修復から保湿まで行えるデイリートリートメント。熱を味方に変える『ヒートアクティブ成分』を配合しているため、ドライヤーやアイロンの熱から髪を守り柔らかく艶やかな髪へと導きます。

MIDDLE SCHOOL TO NOW | 中学から現在に至るまで

はじめての挫折

三重県多気郡大台町。ど田舎にある中学校に入学した僕は勉強が嫌いで、テスト前に多少やった記憶しかない。学校生活で唯一夢中になれたことは部活動のバスケットボールだった。田舎特有のチームの人数が少ないということもあり、競争相手もおらず割とすぐに上手くなれた。三年生になる頃にはチーム内で一番上手いと自負するほどで、練習に励んでは上達していくのを実感し楽しかった。しかし、地区大会ではいつも早々に敗退していた。自分に自信があった僕は、負けたことをチームメイトのせいだと思い、怒りと悔しさを感じていた。

中学校卒業後は、中学時代に抱いた負けることへの悔しさと自分は上手いという自信を胸に、バスケットボールでそれなりの強豪として名を馳せていた高校へ入学した。卒業後には、プロのバスケットボールプレイヤーになるという夢も抱いていた。そんな溢れんばかりの自信と将来への期待を持ち望んだ高校バスケットボール生活であったが、現実では惨敗続きだった。チームには自分よりも努力家で、技術力が高く体格にも恵まれた選手ばかりが集まっていた。そこでようやく、中学生の大会で勝ち進めなかったのはチームメイトが下手だったからではなく、自分が大したことのないレベルだったからだということに気付いた。

その後の部活動では、自分の平凡さを深く痛感することばかりだった。高校一年生の頃は雑用をさせられ、二年生では一番下の三軍入り、三年生では下級生に追い越され補欠。当時は悔しい気持ちの反面、その感情を出し熱くなることがかっこ悪く感じ、次第に練習はサボり気味になった。通学では部活動の朝練があるということ

ともあり、始発の電車で通っていた。その半分ぐらいの日数は朝練をすることもなく、ぶらぶらと時間をつぶしていた。母親には弁当の準備や車での駅への送迎などで無駄に早起きをさせてしまい、罪悪感と申し訳なさでいっぱいだった。そのようなことで高校生活では勉強、部活動、人間関係に身が入ることもなく、なんとなく時間が過ぎていった。

仕事への絶望

気が付くと高校三年生となり部活動は引退。就職活動を経て、卒業後は工場に勤務することになった。レトルト食品のパウチ袋をひたすらダンボールに詰める仕事で、昼勤と夜勤を一週間おきに繰り返す流れだった。単調な仕事内容だったので、体力的には楽だったが精神的には辛かった。時間が経つのが遅く五分おきには時計を確認していた。慣れていない夜勤に体調が合わず、嘔吐を繰り返した。そんな日々の中で唯一の楽しみは土曜日、日曜日の休日にゆっくり過ごすことだった。平日は辛い仕事、土日にゆっくり休む生活を繰り返し、徐々に慣れていくだろうと思っていたが、一年が経っても慣れることはなく変わらない日々が続いた。しかしいつもの通勤中ふとある考えが芽生える。それはこれから先、もしかすると残りの人生をずっとこのままの生活が続くのではないかという恐怖心だった。月曜日から金曜日、一週間のうち七割が仕事という辛い思いをしている。今から六十歳になるまでは残り四十年、この先の四十年も七割が仕事という辛い思い出になる。楽しめる日数は三割の約十年しかないということに気付いたとき、僕は絶望した。人生の大半の時間を占める仕事を辛いことからやりたいことに変えるために、すぐ工場を辞める覚悟をした。両親にその旨を伝えると「このご時世、工場で

これを伝えるにあたり自分がいかに平凡、もしくは平凡以下の半生を生きてきたのかを話したいと思います。読んでいる方の自信に少しでもなれば嬉しいです。

も正社員で雇ってもらえることがいかに貴重か」と即座に反対された。何日か続く話し合いの末にどうにか反対を押し切り、工場を辞め、新たな人生をスタートさせることになった。

工場を辞めたのはいいものの、やりたいこともなく、内心は焦りと不安だらけだった。同級生はみんな自分の仕事や勉学に励みながら目標ややるべきことに励んでいるにも関わらず、僕は新しい就職先の目処も立っていなかった。何から手をつければいいのかもわからなかったが、まずは世の中にどんな仕事があるのかを知るために、ネットや雑誌などを使い調べては興味の湧いたものをリストアップした。料理人、宮大工、庭師、水族館の職員など、なんとなくやりたい仕事はあり、いくつかは実際に就職してやってみた。結果的に自分には合わないと思ったら辞めて、また別の仕事を試した。一般的に仕事をすぐに辞めるのは良くないという風潮があるが、このとき個人的には実際に働いてみることで知れることが多くあり罪悪感は一切なかった。雇う側からしたら迷惑な話だと思うが、当時の自分にとってはその経験によって世界が広がった。

恩師との出会い

そんなある日、当時の彼女の付き添いで美容室へ行った際にトイレのある張り紙に目が留まった。そこには「スタッフ募集」と書かれていた。タイミング的にたまたま無職だったこともあり少し気にはなったが、美容師の仕事は休日も給料も少ないとネットに書かれていたことを思い出し、論外だと早々に見ることをやめた。しかし偶然にもその日、彼女の担当の美容師さんが僕に対して「うちで働くのはどうか」と誘ってくれた。これが僕と恩師との出会いだった。た

だ美容師という仕事に良い印象を持っていなかったので、一旦持ち帰り考えてみることにした。即決できなかったのは美容師という仕事にいい印象を持っていなかっただけで、それもネットに書いてあったあやふやな情報を鵜呑みにしていたからだった。悩んだ末に答えが出るはずもなく、いままで通り実際にやってみて決めようと働かせてもらうことになった。

無事に面接を通過し働くことになったが、右も左もわからない自分は呆気にとられる毎日だった。全てが未熟で何も知らなかった自分に美容室のオーナーである藪内さんは本当にいろいろなことを教えてくれた。礼儀や挨拶、人として大切なこと、美容師の技術や知識、接客など持っているもの全てを教えてくれたと思う。僕は美容師の仕事がただ髪を切るだけではなく、広い世界にも繋がれる可能性があることを知った。そして美容師という仕事に人生を懸ける決意と、やるからには日本一有名な美容師になると誓った。決心してからの行動は早かった。まずは美容師免許を取るために、両親に頼み込みお金を借りて美容学校に通うことになった。実家は決して裕福なほうではなかったので、突然の数百万円の出費はダメージがあったと思う。申し訳なさを胸にかかえながら、必ず夢を叶えて両親に恩返しすると思った。それからはとにかくがむしゃらに頑張った。美容学校は通信科だったので学校へ行くのは一週間に一度。一週間のうち火曜日から日曜日は美容室でアシスタントとして働き、休日の月曜日に美容学校に通う。休日はほとんどなく大変なようにも思うが、工場の頃のように時間の長さを気にすることはなく一日、一ヶ月があっという間に過ぎた。そんな忙しない日々は僕にとってすごく楽しかった。

睡眠四時間のアシスタント

日本一有名な美容師になるためには、まず地元で有名にならなければならない。そう考えた僕はまだカットやカラーの技術がなかったので人脈作りに力を入れた。なぜならいざカットやカラーができるようになったときにお客様がいないと仕事にならないからだ。朝九時から夜十時までアシスタント業務や技術練習をして、その後朝四時まで飲屋街に出掛けては友達を増やした。睡眠時間はいつもだいたい四時間で眠気と戦いながら仕事に行った。そんな生活を三年間続け美容学校の卒業が間近になったとき、あることがふと脳裏をよぎった。それは有名な美容師になるためには、東京に行ったほうがいいのではないかという疑問。当時の僕が知っていた有名な美容師は、全員東京の原宿や表参道で働いていた。その影響もあり、東京への進出は夢を決意したときに近い将来の目標として考えていたことだった。なぜすぐに東京へ行かなかったのかというと、地元の美容学校に入学したこと、地元である程度実績を積んでからとなんとなく先延ばしにしていた。美容学校の三年間も遠い先のように思っていたが、気がつくとその縛りもなくなっていた。実績は特にないものの、美容学校を卒業するという現実が迫ることによって今後の将来を自問自答した。答えは一つだった。数日後に両親と職場に東京へ行きたいことを伝え、三ヶ月後には出発が決まった。しかし美容師アシスタントの給料では貯金もなく、車を売って得た二十万円だけの資金で上京することになった。

恩師である藪内さんや人脈作りに励み出会ったたくさんの友人に別れを告げ、地元から出発する電車に乗るとき、両親が見送ってくれることになった。駅まで送ってもらう車の中では、いつもの何気ない会話を交わしていた。きっとお互いに寂しくなることがわかっていて、現実的な話やこれからの話は避けていたのだと思う。駅に着きホームで電車を待っていると、父親から封筒に入ったお金を渡された。僕はうつむきながら「ありがとう」と言うと、優しくされたことで急に涙が込み上げてきた。電車が来るまではなんとか我慢して、東京行きの電車がホームに停車した。荷物を持って電車に乗る。振り返るとすでにドアが閉まりかけていて、その時間はあまりに短いように感じた。ドアが閉じると同時にもう二度と会えないような気がして、感情を抑えきれず涙が溢れた。それを見た母親はドア越しでも聞こえる声で「また帰っておいでな！」と慌てて言った。父親は表情を変えずただ僕の目を見ていて、その目線が他にずれることはなかった。その場面には僕の両親の姿、全てが詰まっていると思う。電車に乗り東京に着くまでの三時間半は、いままで生きてきた中で一番泣いたのを覚えている。寂しさ、不安、まだ何も恩返しできていない無念さで胸がいっぱいだった。その後その出来事があったおかげかは定かではないが、東京へきて涙を流したことは一度もない。

マイナスからの挑戦

無事東京に到着し、賃貸の初期費用を支払いすぐに所持金はゼロになった。さらに上京前に受験していた美容師免許の試験に落ち、お金も美容師免許もない最悪のスタートとなった。ちなみに美容師免許を持っていないとお客様に施術ができないので一大事である。東京での住む場所は少しでも出費を抑えるために、家賃四万円の他人とのシェアハウスになった。お互いを知らない他人の十二人が3LDKを共有し、それぞれの部屋には二段ベッドが二つ、一部屋に四人

ずつ分けられていた。その二段ベッドの一段、一畳ほどのスペースだけが一人のプライベート空間だった。プライベート空間と言っても薄いレースのカーテンで仕切られているだけで、音やにおいは漏れているのが日常だった。キッチン、トイレ、浴室はもちろん共同で朝の皆が出勤する時間帯はトイレに列ができるほどだった。神経質な自分にとって他人が出す音や臭い、同室の4人との密な共有空間は苦痛でしかなかった。隣のベッドには食べ物のゴミを片付けない人がいて、そこで湧いたゴキブリが僕のベッドにも頻繁に侵入してきていた。斜め下のベッドには一日中ゲームをやっている人がいて、そのゲームも誰かと通話をしながらするタイプのものだったので僕は深夜の音漏れで寝られなかった。真下のベッドには留学で日本に来ていたアメリカ人女性がいて、いびきがとんでもなくうるさかった。毎晩のうるさいいびきで一睡もできない夜が続き、睡眠不足でストレスが限界に達した僕は、なんとかしていびきを止めるために、仕切りのカーテンの隙間からアメリカ人女性の顔面に向かってファブリーズを吹きかけることに成功。見事顔面にお見舞いすることはできたものの、いびきは止まるどころか鬼の形相で僕の前に立ち、ファブリーズをかなりの回数で吹き返してきた。僕は小さなトラウマを経験することになった。

そんなストレスフルな日々の中、求職活動もうまく進まず希望する有名美容室への書類審査はすべて不合格。田舎育ちの自分は仕事などあっさり決まると思っていたが、都会の現実に直面し途方に暮れていた。しかし有名ではない普通の美容室で働くという選択肢を選んでしまうと、わざわざ東京に来た意味がない。崖っぷちに立たされた自分は、美容師を断念しヘアメイクアッ

プアーティストという別の道で有名になろうと考えた。夢は変わらず日本で一番有名になること。そのためには多くの人に認知される必要がある。当時SNSもいまほど普及しておらず、僕が目をつけたのは店頭に並ぶファッション雑誌だった。情報収集の一つとして利用される雑誌本、その表紙のヘアメイクを担当できれば自分の名前も掲載されて全国の書店で目にする人が増える。そう考えた僕はヘアメイクアップアーティストを目指すことに決め、近所の書店に並んでいたファッション雑誌をすべて購入した。購入した雑誌のページをめくり表紙を担当しているヘアメイクアップアーティストに履歴書を送った。一週間後、そのうちの一人から連絡があり面接を経て弟子入りが決まった。当初の目的より方向性は多少変わってしまったが、なんとか仕事に就くというスタートラインに立てて安堵した。

血だらけの手

しかしその喜びも束の間で、また地獄を見ることになる。当時のヘアメイク業界は俗に言う雇用というよりも師弟関係のスタイルだった。休日はほぼなしで師匠から一ヶ月ごとにもらえる給料は四万円、シェアハウスの家賃も四万円だったのでどう考えても生きていけない厳しい生活が始まった。師匠の主な仕事は雑誌撮影のヘアメイク。基本的に集合時間が早朝四時か五時なので、三時過ぎに起きてはモーニングコールをして師匠を起こすことから一日が始まる。早朝のため始発の電車はなく、自転車で三十分かけて通勤していた。もちろん大雨や台風の日でも例外ではない。しかもいかなる理由であれ、遅刻をしたらクビという約束があった。いまでこそ無茶苦茶だとは思うが、世間知らずだった自分は受け入れるしかなかった。またこれも不思

議なもので、一度でも遅刻をしたらクビ、一度でも休んだらクビというプレッシャーによって体調を崩したことはなかった。自転車で師匠の自宅に集合し、自分が事前に予約してあったタクシーに乗り撮影現場に向かう。師匠はとても寡黙で初日の道中からそれ以降も一言も会話をすることはなかった。撮影現場に到着し何も教わっていない自分は探り探りヘアメイクの準備をする。間違っていると怒られる。怒られたら次の日は同じ過ちを繰り返さないように改善する。そうして怒られながらも一つ一つノートにメモを取り仕事を覚えていった。怒られない日はないぐらい毎日のように怒られていたが、マイナススタートだった自分は頑張れば頑張るほど夢に近付いているような気がしてやりがいを感じていた。そして仕事を通してではあるが芸能人やトップモデルと接する日々は刺激にあふれていた。師匠は撮影が終わると食事だけは奢ってくれる。給料がひと月に四万円で生活が苦しいことを気にしてか、飢えないように一日の一食分は助けてくれた。それでもその一食分以外の食事や生活をするためのものを確保するには、家賃に消える給料だけでは足りない。他にも収入を得るために仕事終わりには串カツ田中のアルバイトを始めた。アルバイト先には自分のような修行の身のカメラマンの弟子、芸人の卵、役者志望の人、駆け出しのモデルなどをやっている人がたくさん働いていた。その人たちと一緒に働いていると、お金は無くても夢のために苦労しているのは自分だけではないんだと孤独感から救われた。アルバイトが終わるのは午前0時。次の日は午前三時過ぎに起きて仕事に行く。その生活を続けていくと同時に、遅刻できないプレッシャー、お金がない、仕事終わりのアルバイトによって確実に体力と精神は削られていった。

ある真冬の寒い日、いつも通り三時過ぎにモーニングコールを済ませた後、少し温まるために布団に入ったつもりが寝入ってしまった。目を覚ますと十五分が経っていた。慌てて支度をし外に飛び出ると、台風が来たかのような大雨が降っていた。かなり急いでギリギリ間に合うか間に合わないか。クビになることが脳裏をちらつきながらも、かじかむ手でがむしゃらに自転車を漕いだ。人通りの少ない路地の曲がり角に差し掛かったとき、雨で滑り転けてしまった。手からは血が流れ、ずぶ濡れの服は泥で汚れた。僕はもう無理だと思った。今から起き上がり仕事に向かう気力もない、そもそも時間に間に合うはずがない。間に合ったとしても、雨で濡れている上に泥だらけの服では周りに迷惑をかけてしまう。そしてこの生活自体を続けるのももう無理だと思った。すべての限界を感じた僕は、雨に打たれながらもその場所に座り込んでいた。しかしなぜか頭の中では、成功して有名になった自分がこの状況をインタビューで答えている姿を想像していた。ここで諦めたらその状況も実現しない。歯を食い縛りながら立ち上がり仕事に向かうことにした。案の定遅刻はしたが自転車のタイヤがパンクしてしまったことにしてなんとかクビは免れた。そんな生活を一年間続けて、師匠の技術はもう盗めるものがないと考え辞めることになった。今の自分にはない新たな技術を得るために、別のヘアメイクアップアーティストに履歴書を送るも採用されることはなかった。路頭に迷っていた頃、やはりもう一度美容師としてやり直すことに決めた。そのわけはヘアメイクアップアーティストよりも美容師の方が一般人にとっては身近でチヤホヤされがちだということと、出会った芸能人やモデルたちもその時のヘアメイクよりも髪形そのものの

土台を作った美容師を讃えがちだったからだ。そして何よりも、僕はヘアセットは好きであったが、メイクはあまり好きではなかった。

天職とは

再び美容師としてのキャリアを追求する道を選んだ僕だが、当然すぐ希望する美容室で雇ってもらえるわけもなくフリーターの生活が半年間続いた。その間は俗に言う日雇い労働で、工事現場やイベントの設営、工場などで働きながら食い繋いだ。そんなある日インスタグラムを見ていたら、おすすめ欄の美容師募集の投稿が目に留まった。おしゃれな店名で場所が表参道ということもありすぐに応募した。その後面接をし無事雇ってもらえることになった。僕は以前地元で美容師アシスタントを経験していたが、新たに雇ってもらった美容室ではもう一度アシスタントとして一から始めることになった。無論、美容室それぞれに考え方や技術の違いはあるので異論はなかった。ただアシスタントの中の僕の先輩は年下の女性で、年下に敬語を使うのは少し悔しかった。美容師アシスタントとしての一日は、朝から夜までサロンワーク、それが終わったら技術の練習、それが終わったら渋谷駅にカラーモデルを探しにいくという流れだった。家に着くのは毎日0時を過ぎていた。サロンワークでは相変わらずミスを繰り返し上司から怒られる日々だった。ただ僕は当時も今も、ミスに対して怒るというやり方を取った上司に対して納得がいっていない。感情的になってしまったら、そこで信頼関係は崩れリスペクトを失う。このことはどの社会においても通ずるものがあると思うが、自身に不都合なことがあり冷静でいられるのは簡単ではない。僕自身も仕事や家庭に向き合う際は肝に銘じておきたいと思う。

休日は朝から晩までモデル探しをする。地元の頃と同様に、スタイリストになった時のお客様をアシスタントのうちから集めておくためである。そうすればスタイリストデビューと同時に客数に困ることはない。ゴールデンウィークやクリスマス、みんなが楽しそうに遊んでいるのを横目にひたすらモデルを探し続けた。モデル探しのよくあるやり方は、人通りの多い場所に立ち止まって目当ての人が通ったら声をかけるという流れだ。しかし僕の場合は立ち止まることなく、歩き続けて探すことをこだわっていた。その方が相手に警戒されにくく、別の人に切り替える回転率も高い。立ち止まって探すと、勇気が出ずに一歩遅れてしまったり、携帯を見たりしてサボってしまうのがオチだ。最近はモデル探しをSNSで行う人がほとんどで、自分の足を使い街中で探す美容師はなかなか見かけない。しかし個人的な考えとして街中でモデルを探す行為は、コミュニケーション力やセンスを養うのにもってこいだと思う。現在売れていない美容師は、街中でのモデル探しをすれば必ず売れると断言できる。

アシスタントを二年半続け、スタイリストデビュー目前となった頃コロナウイルスが流行り出した。その他にもいろいろなことが重なり、目処が立たないままスタイリストデビューが遠のいていた。スタイリストデビューに重きを置き目標にしていた僕は、その現状に突如嫌気が差し退職することに決めた。オーナーに報告し次の日には辞めることになった。辞めた後のことは何も考えていなかったので再びフリーターの生活が始まった。ひとまず食い繋ぐために、チラシ配りの日雇いバイトをやりながら次の行動を考えた。

自由になる責任

次の行動の答えを出すのにそう時間はかからず、フリーランス美容師として独立することにした。そう決意したのはある意味必然だった。自分は自己中心的な性格で誰かに指示されたことを聞くより、自分がやりたいと思うことをやりたいと雇われているとき常に思っていたからだ。自己中心的という言葉は世間一般ではネガティブなイメージがあるが僕はそうは思わない。後戻りできない目まぐるしく過ぎていく毎日の中で、自分を後回しにしている暇などいっときもない。

フリーランスとして独立して以降は、これまで生きてきた中で一番と言っていいほど楽しかった。他の誰からも命令されず、誰にも頭を下げず、縛られることのない日々は解放感に満ち溢れていた。しかし独立して自由になったはいいものの、雇われていた頃はアシスタント止まりでスタイリストとしての経験はなかったので、技術、接客、仕事の段取りなど何一つうまく進まなかった。昨日とは違う切り方、昨日とは違う接客、一日一日改善を繰り返し試行錯誤しながら少しずつ形にしていった。フリーランスとして独立した当初、僕のカット＆カラーの料金は三千円。これほど破格の値段で提供している美容室は他になく、集客アプリを使い予約はすぐに満席になった。ただ一人にかける時間が長いとトータルの客数が少なくなってしまい売上は上がらない。僕は一人にかける時間を短縮するために、一般的にどの美容室でも二時間はかけるカット＆カラーを一時間に設定した。スタイリスト駆け出しの僕にはどう考えても無謀で、一時間で仕上げるスキルは到底なかったが、自分で設定したからにはこなせるように冷や汗をかきながら無我夢中で施術した。それも

慣れてくると余裕を持ってこなせるようになり、一日に何人ものヘアスタイルを手がけることで、技術や接客は着実に上達した。この時の成長速度は自分でも異常だったと思う。成長する自分を待つのではなく、成長せざるを得ない状況に身を置いたことが功を奏したのだと思う。

一生のお願い

日々サロンワークに励む一方で、美容師として有名になる方法を考えていた。出した答えは有名人のヘアスタイルを担当するということ。ひとえに美容師が知名度を高めると言っても、本来美容師という職業は表舞台に立つ人を裏でヘアスタイルを通し輝かせることが仕事だ。過去にカリスマ美容師として名を馳せてきた人たちは全員その時代のトップスターを担当している。その過程はSNSの普及や時代の変化があれど現代も変わることはない。そのため僕は有名人を担当できるよう尽力するわけだが、そうも簡単にいくはずはない。有名人ともなればダイレクトメッセージやファンレターはとんでもない数になり、僕からのメッセージはその数に埋もれてしまい気付かれないのが関の山だ。そうなるとやるべきことは一つで、今はまだ落ち着いているが有名になりそうな人を担当するということになる。SNSなどではまだフォロワー数やファンが爆発的ではない人を探し出し、ヘアスタイルを担当させてもらえるよう毎日のようにメッセージを送り続けた。数ヶ月後、あるTikTokerから返信があり、カットとカラーをさせてもらえることになった。僕から送ったメッセージは「一生のお願いです。髪の毛を切らせてください」だった。それが奇跡的にツボにハマったらしく任せてもらえることになった。当日は緊張を悟られないように冷静になり誠心誠

意取り組んだ。その結果、本人には喜んでもらえることができて、いままで自分が努力してきたことは間違っていなかったんだと確信できる一つの瞬間でもあった。施術したヘアスタイルをSNSにアップすると、反響が広がりいろいろな著名人、モデル、クリエイターの方を担当させてもらえるようになった。そのおかげで一般のお客様の予約も更に増え、今となってはカットのみの料金で一万二千円をいただいており、連日の予約は常に満席となるまでになった。

ここまでくるのに本当にいろいろなことがあった。ダラダラして過ごすこともあれば、夢や目標とは関係のないことにもたくさん時間を使ってしまった。しかしそれらの出来事一つ一つが無駄になっているとは思わない。起こる出来事の全てには意味があり、活かすも殺すも自分次第である。僕は何度も仕事を辞めたり、諦めては逃げた。しかしそのまま全てから逃げ続け、寝ているだけでは何も変わらない。諦めて逃げても再び起き上がり目の前のことをやり続けたら、いままでの良い経験も悪い経験もどこかで繋がる瞬間が必ずくる。そのときに過去を振り返ると、いままでの出来事で何か一つでも欠けてしまうといまの自分がないことに気付く。人生というのは経験したことが一つの歯車になっている。歯車が噛み合っていなかったり、足りていなかったりするとけっして動き出すことはない。小さなことでも挑戦さえしていれば歯車は増えていく。そしていつか全ての挑戦が噛み合い動き出すまで、経験という歯車を合わせ続けていくことが夢を叶える唯一の方法だと、僕は思う。

これからが本番

「終わりよければ全てよし」中学三年生の頃の卒業の日、担任の先生がかけてくれた言葉だ。この書籍を出版するに至るまで波瀾万丈な半生ではあったが、いまこの瞬間が幸せであることにほっとしている。そしていま僕の周りにいる人たちには心からの感謝を伝えたい。かわいくなりたい一心で日本中から足を運んでくれるお客様、長期に渡りヘアスタイルを任せてくれては発信をしてくれるモデルさん、地元からやSNSを通して応援をしてくれる方々。何者でもない自分を最初から信じてくれた家族。

東京へ上京してきた修行時代、頻繁に帰省するお金はなく、夜行バスでお盆と正月に地元に帰った。大口を叩き上京したのにも関わらず、何もなし遂げていない自分は地元に戻っても胸を張って歩くことができなかった。東京に戻るとき、母親は口癖のように「頑張りすぎたらあかんな」と言った。僕には最大限の優しさで頑張れと背中を押されているように感じた。父親は別れ際に自分の財布から一万円札を取り出し、生活の足しにするよう渡してくれた。父親が小遣い制だということを知っている僕は受け取るたびに奥歯を噛み締めた。妻は友達の頃からずっと、何があっても味方でいてくれた。

僕はそんな人たちをこれからも幸せにしていきたい。

CHRONOLOGY OF **UKITA**

生まれてから現在に至るまで

これまで生きてきた中で生活や環境が大きく変わり、転機が訪れる人生の分岐点。
そこには必ず自分以外の誰かも立っていて、その人たちの影響の積み重なりで
いまが成り立っていることに気付く。

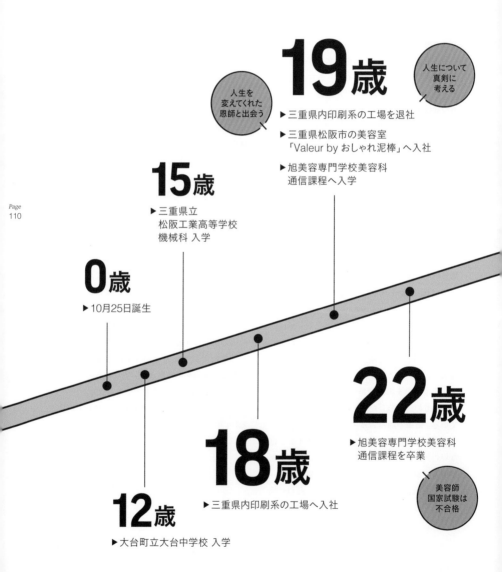

19歳

人生を
変えてくれた
恩師と出会う

人生について
真剣に
考える

▶ 三重県内印刷系の工場を退社

▶ 三重県松阪市の美容室
「Valeur by おしゃれ泥棒」へ入社

▶ 旭美容専門学校美容科
通信課程へ入学

15歳

▶ 三重県立
松阪工業高等学校
機械科 入学

0歳

▶ 10月25日誕生

22歳

▶ 旭美容専門学校美容科
通信課程を卒業

美容師
国家試験は
不合格

18歳

▶ 三重県内印刷系の工場へ入社

12歳

▶ 大台町立大台中学校 入学

23歳

▶ 東京上京

▶ ヘアメイクアーティストに師事

表参道のヘアメイク事務所に所属しているヘアメイクアップアーティストに弟子入りする。ファッション誌のヘアメイクが主で、有名タレントとの関わりや表紙の現場など貴重な経験をさせてもらった。

スタイリストに
なる手前で

25歳

▶ 某都内有名美容室を退社

技術レッスンはほとんど終了していたが、コロナ禍をきっかけにスタイリストデビューが延期し退社する。

??歳

▶ 現在に至る

少しずつ知名度を獲得し、自己書籍の出版を叶える。その他現在もいろいろな展開を進行中。

24歳

▶ 某都内有名美容室へ入社

表参道の美容室に正社員として入社。SNSで探し、場所と店名で決めた。

26歳

▶ フリーランス美容師として独立

青山のシェアサロンに勤務。SNSで集客をするために好きなヘアスタイルのボブに絞って発信に励む。

ボブで
一番を狙うと
決める

UKITA

INTERVIEW

美容師という仕事に就き早10年。修行時代から現在に至るまで、死ぬほどいろいろなことがありました。これまでの道のりを赤裸々にお答えします。

**" 楽しいことというのは
ほとんどが嫌なことの先にしか
ないんですけどね "**

——まずは美容師を志した理由を教えてください。

僕の場合、志したというよりもやってみて面白さに気付いたという感じです。中学、高校の頃から髪の毛をセットすること自体は好きで、毎朝1時間かけていました。元々細かい作業を黙々とこなすのは好きだったので、小学生の頃の夢は大工さんでした。ただ僕はびっくりするほど細身なので力仕事の大工さんは諦め、かといって美容師は土日が休みじゃないということから興味はありませんでした。夢もなくフラフラと生活する日々を送っていたら、たまたま行った美容室の美容師さんがおしゃれだから働いてみないかと誘ってくれました。他人から褒められたことがほとんどなかったので、おしゃれと言われたことがすごく嬉しかったのを覚えています。そのテンションのまま働いてみることになり、美容師にハマったのがきっかけです。

——美容専門学校に入学してからはどんな生活を送っていたのですか？

その恩師に誘っていただいたのが19

歳の頃だったので、そのタイミングで入学をすると周りが18歳の1歳下の学年に入学することになります。それが嫌だったので自分は通信制を選びました。通信制というのは火曜日〜日曜日まで美容室で働き、定休日の月曜日に学校に通うというもので学生の年齢も様々。10歳、20歳上の方もいました。サロンワークでくたくたになった状態の休日に学校へ行くわけなのでかなりきつかったです。でもかなりの日数はサボってしまい、ギリギリ卒業はできましたが国家試験には落ちました。同期の中で自分一人落ちるぐらいなので、落ちこぼれの学生だったと思います。

——サボっていたんですね！学校をサボった日は何をしていたのですか？
サボったと言っても美容師に対する熱量はかなり高かったと思います！アシスタントだったのでスタイリストデビューの初月に100万円を売り上げることをずっと目標にしていました。そのために休日は友達に友達を紹介してもらい遊んだり、飲みに行っては知らない人と知り合いになりひたすら将来のお客さん集めをしていました。どれだけ増やせるかの数字は常に意識していたので当時LINEの友達が1000人以上いました。

——三重から東京へ上京した理由は何
ですか？
美容師になった当初からやるからには有名になると決めていたのでいつか東京に行く気ではいました。ただ美容専門学校を地元にしてしまったのと、地元である程度ビッグになってから進出したいと考えていたのですぐには行きませんでした。でもいざ美容専門学校を卒業してみたら一気に縛りが無くなったように感じ、スタイリスト目前でしたが3ヶ月後には上京しました。

——実際に東京に行ってみて想像と違ったということはありませんでしたか？
想像と違ったことしかありませんでした…。まず上京前、国家試験に落ち美容師免許を持っていない状態だったのですが、それでも熱意で頼めば働けるだろうと思っていました。僕の地元のような田舎ではグレーですが働けることがあったので。もちろん働けるはずもなく、希望のサロンに履歴書を送っても返事が来ませんでした。めげずに直接渡しに行っても受け取ってもらえず最悪の状態からのスタートでした。貯金もほぼない状態だったので家から出なければお金を使うことはないと考え、イメージしていた観光っぽいこともせずベットの上でうずくまっていました。地元から送り出してくれた両親や友人のことを考えるとベットにいる

自分が情けなくて胸が苦しかったです。

──アシスタント時代に大変だったことや辛かったことはありますか？

その後表参道の美容室に勤めることになったのですが、一番は人間関係が大変でした。怒られない日はないんじゃないかと思うほど上司から一日に何度も怒られていました。怒られている最中も頭の中では、うるさいなぁとか早く終わらないかなぁと思っていたので、身になるわけもなく同じミスを繰り返していたのだと思います。でもミスに対してただ怒鳴るというやり方を選んだ上司のことはいまだに納得がいかないので、特に感謝はしていないです。

──美容師を辞めたいとは思いませんでしたか？

僕はここに書ききれないほど多くの仕事を経験しては、その度に辞めてきました。でも美容師という仕事や夢自体を諦めようと思ったことは一度もありません。とにかく目の前のことに必死だったので、夢のために次はどうしようとしか考えていませんでした。

──美容師をやっていてよかったことを教えてください。

人間力が高くなることです。美容師として売れるためには技術が上手いことは当たり前で、気遣い、気配り、表情、

空気感、言葉遣い、ファッション、トレンド感、体型、清潔感などを身につけることが必要不可欠です。売れる美容師を目指すと、必然的にそれらのスキルも自分のものにできるので、単純に人としてのレベルも上がります。仕事以外の私生活でもそのスキルが自然と活かされていると思うので美容師をやっていてよかったと思います。

──現在はフリーランスとして独立されていますが、どのような働き方ですか？

美容室に雇用をされているのではなく、シェアサロンと契約し利用させていただいています。シェアサロンというのは形はよくある美容室ですが、スタッフが全員フリーランスで個々の仕事を行います。自分のお客様は自分一人で担当し、休日や営業時間なども個人で自由に決められます。

──なぜたくさんの有名人を担当されているのですか？

僕は美容師として有名にはなりたいですが、あくまで美容師という仕事は人を綺麗にする仕事で裏方です。表に立つ人を輝かせる仕事なので、自分が表に立ってアピールするというのは根本的に本質がズレているんですよね。これは持論なので他の美容師さんがどう考えているかは知りませんが、僕はそ

う思います。なので僕は有名になるために有名な人の髪を切って注目されようとしたわけです。

——有名人の髪を切りたくてもできない人がほとんどだと思うのですが、どういう風に繋がりを持ったのですか？
ひたすらDMを送り続けました！

——いままでのお仕事の中で一番印象に残っていることは何ですか？
いまとなってはありえないですが、お客様への施術に対してミスをしてしまったことです。手を抜いているつもりはなくても、技術や経験が不足していると必ずミスは生まれます。僕の場合はスタイリストデビューとフリーランス独立を同時に行ったので、圧倒的に経験が不足していました。そのおかげでいまがあるということを実感するとともに、ミスをしてしまったお客様に申し訳ないという気持ちが強く残っています。

——ウキタさんみたいにはどうやってしたらなれると思いますか？
何度も言うかもしれませんが、僕は天才でもなれば器用でもありません。学生時代や修行時代は誰が見ても平均以下だったはずです。でも考えては行動するということをひたすらにやってきたのでいまがあるのだと思います。つ

まり考えてやればいいだけの話です。

——10年後は何をしていると思いますか？
美容師は引退してのんびり島暮らしをしていると思います！

——最後に、これから美容師を目指す人にアドバイスをお願いします。
美容師という仕事は僕にとっては天職で最高の仕事です。でも美容師を実際にやってみて感じることは人それぞれ様々です。向いていないと思うことも当然のようにあるでしょう。世の中は辞めることが悪、逃という雰囲気になっていますが、僕はそうは思いません。やりたかったらやって、嫌なら辞めていいと思います。やりたいけどやらない、嫌だけど仕方なくやるのはよくないと思います。また、何か行動したら周りの大人はあーだこーだ言ってきますが、そんなものは放っておいて日々楽しく生きていきましょう。まぁでもこと仕事においての楽しいことというのは、ほとんどが嫌なことの先にしかないんですけどね。

アシスタント時代の恩師／美容学生時代の先生／妻

INTERVIEW

ウキタの美容師として駆け出しの頃、美容学生の頃、
プライベートや普段の素をよく知る人たちにお話を聞いてみた。

▶ **アシスタント時代の恩師**

藪内 洋介 さん

Valeur by おしゃれ泥棒
オーナースタイリスト

──ウキタがどんなアシスタント、人間だったか

マイペースで不器用という印象でした（笑）。彼と初めて会ったのは、うちのお客様のご来店に付き添いで来てもらったこと。当時お店も誰かスタッフが欲しかったので、丁度仕事を辞めたという彼の話を聞いてよかったらうちに来ない？と誘ったのがきっかけ。仕事が始まったら周りはあまり見えてない、人見知りでお客様とも喋らない、技術も習得がゆっくりと三拍子揃ってました（笑）。ただシャンプーにしてもカラーにしても一つのことを絶対に覚

えるんだ！という意気込みと気合いは、いままで見てきたスタッフの中では断トツの一番だった気がします。みんなが帰った後や休みの日には友達に手伝ってもらって練習したり、影で一生懸命努力してるのを知ってたのでこそっと応援していました（笑）。人柄はなんか憎めないよね？って話はよくしてました。憎ったらしいことを言ってくるんですが、かわいいというか嫌味がないズルい性格でしたね（笑）。なんか腹立つな〜って言いながらも彼のためにやってしまう。甘え上手なんですかね？（笑）。もう帰るんですか〜？もうちょっと喋りましょう〜。なんて言われて何度ウキタの戦略に引っかかったことか（笑）。

──当時の出来事で印象に残っていること

いろんなシーンが印象に残っていますが、一番インパクトが強かったのは初日の営業後に歓迎会と題して行った焼

肉です。お店の方針としてもあんまり堅苦しいのは嫌なので、和気藹々と親睦を深めようとフレンドリーな感じでいくのですが、それでも入って初日は緊張しますよね。これから頑張ります！ぐらい言ってお開きになるパターンが多いのですが、彼はなんと、"ひとついいですか？すべらない話大会しませんか？"と（笑）。みんなが呆気にとられていると、続けて"じゃあ僕からしていいですか？"と（笑）。めちゃくちゃ面白い子が入ってきたなと、ワクワクしたのを覚えています。すべらない話はしっかりすべってましたが。

——いまのウキタへメッセージ

うちのお店を辞めるとき、辞めるからには絶対有名になって必ず恩返しします！と宣言していったのを昨日のことのように覚えています。東京へ行ってからも、どんなにしんどい状況でも弱音を吐かずにしっかり目標だけを見据えて頑張っているのを知ってたから、いま本当に夢を一歩ずつ叶えていく姿を見てこちらも勇気をもらってます。まだまだやりたいこともいっぱいあるだろうし、もっと上を目指していくんやろうけど、周りの人があっての自分だからいっぱい感謝をして身体には十分気をつけて頑張ってね！また三重に帰ってきたときはゆっくりいろいろお話ししましょう！

▶ 美容学生時代の先生

阪 里見 先生

——浮田さんがどんな学生だったか？

まず学校に浮田さんからインタビューのオファーがきたとのことだったのですが、現役の先生方が浮田さんのことをあまり覚えていないとのことでした。私は現在、旭美容専門学校を退職しているのですが、学校から浮田さんのことを覚えてますか？と連絡が入りました。少し考えた後に浮田さんの名前の漢字を萩介さんと書くことを思い出しました。読み方は覚えてなかったのですが、顔はすぐ浮かびました。どんな学生だったかといわれるとはっきり言ってすごい男前でもなく、技術がずば抜けて上手いわけでもなく、めっちゃお話上手という印象もなく普通って感じでしたよね。入学時は担当ではなく、卒業前のスクーリングで浮田さんをご指導させていただきましたね。浮田さんのクラスはお姉さんの女性ばかりで、卒業前には男性が二人になってましたね。浮田さんはクラスで一番年下でかわいがられていたと思います。クラスのお姉さま方からはよくいじられていましたね。学校の通信制は仕事との両立が大変で、辞めてしまう子や卒業できない子もたくさんいました。浮田さ

んは真面目だったと思いますよ。基礎学、実習ともに補習なしで単位を取得していました。でも卒業試験ではギリギリかほとんどが追試で合格でしたね。国家試験が大丈夫か心配しましたよ（笑）。

——当時の出来事で印象に残っていること

他の生徒はあまりないことだったのですが、当時浮田さんが働いていた美容室のオーナーさんから「浮田はちゃんと学校にきているか」と問い合わせのお電話を何回かいただきました。そのような問い合わせをいただく生徒は少ないのでよく印象に残っています。学校の予定があると嘘をつき仕事をサボる生徒が過去にいたので、それを疑われたのかもしれません。浮田さんもたまにはあったのかもしれませんが、補習をせずに単位が取れていたので、問い合わせがあった際は頑張ってますと伝えました。国家試験合格も安心して

ください！とは答えられませんでしたが（笑）。

——今の浮田さんへ

学校の通信科ではなく本科は、ボブカットのコンテスト練習を授業でがっつりやっていたので、浮田さんも本科に通っていたら才能を発揮できていたかもしれませんね。浮田さんのいまの活躍を聞いて、学校での指導という美容師になるためのお手伝いができ元先生としてすごい嬉しく思います。一人一人のお客様に嬉しいを提供できる美容師として、これからも惜しみ無く勇往邁進してほしいです。そして、旭美容専門学校にて美容師を目指す学生たちに浮田さんの頑張ったことを伝えて欲しいです。

INTERVIEW 03

▶ 美容学生時代の先生

福 先生

いつもニコニコでおだやかに挨拶をしてくれていた浮田くん。シャイな彼が東京で活躍していると聞いてとても嬉しいです。これからも努力と周りの方々への感謝を忘れずに輝いて欲しいです。いつか私のこともボブにカットして美人にしてください。

▸ 美容学生時代の先生

鈴木 先生

クラスの皆からいじられても、いつも
ニコニコしていてムードメーカー的な
感じでクラスの雰囲気を明るくしてく
れていましたね。浮田くんが東京で活
躍していることを私もとても嬉しく思
います。いつか機会があれば学校に体
験談をお話ししにきてください。

▸ 妻

浮田 美遊

**——いままでの出来事で印象に残って
いること**
『東京へ行って、有名になる』と行って
上京したことです。私たちは20代前半
に地元で出会い、とても気の合う友人
として、よく飲みに行っていました。
話す内容は毎回仕事のこと。こんな仕
事がやりたい、この目標を達成するに
はどうしたらいいのか？そんな話を朝

まで延々としていました。お互い頑固
で自分の思いを曲げられない2人だっ
たので、毎回喧嘩をしてその日はお開
き、というルーティーンでした(笑)。
私の周りには仕事について熱く話せる
人が彼しかいなかったので、東京へ行っ
てしまった時は寂しかったことを覚え
ています。

——プライベートのウキタはどんな人か
とても頑固で、自分のペースや考え
をしっかり持っている人。何事にも
100%で付き合う姿勢をみていつも尊
敬をしています。

——いまのウキタへメッセージ
ここまで来るのに、不器用な彼にとっ
ては、とてもとても大変な日々だった
と思います。上京し、心を許せる家族
も友達も近くにいなくて、地元に帰る
時間もお金も無くて、悔しい日も、悲
しい日も、寂しい日もあったと思いま
す。でも諦めずにここまでやって来れ
たこと、友人として、妻としてとても
嬉しく思っています。そんな彼はこれ
からどんな壁にぶち当たっても乗り越
えられるんだろうと思っています。今
まで通り、これからも"浮田萩介"の活
躍を応援し、楽しみにしています。

TOOL
02 ／ シザーケース
カット道具を収めるケース
必要最小限の収納とコンパクトなサイズ感。レザーの経年変化がわかりやすいのでカラーはブラウン。

TOOL
01 ／ ダックカール＆シングルピン
髪の毛を留めるクリップ
頭皮に当たっても痛くない。髪の毛も絡まりにくい。

UKITA'S
WORK
TOOL

人一倍こだわりの強いウキタが選んだ
愛用の仕事道具を一挙公開。

TOOL
03 ／ スプレーヤー
髪の毛を水で濡らす霧吹き
霧の噴射が安定していて、水滴が滴ることもなく使いやすい。

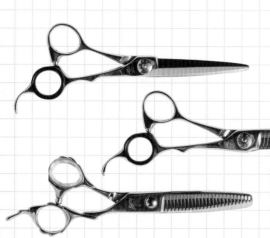

TOOL
04 ／ ハサミ＆すきバサミ
髪の毛をカットするシザーとセニング
切り方の変化や新しい感覚を求めて一年に一回はオーダーメイドで新調している。

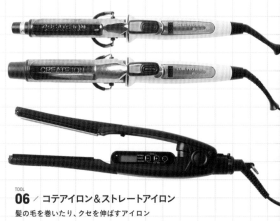

TOOL
05 ／ 毛払いブラシ

顔についた髪の毛を払うブラシ

限りなくソフトに触れるためにメイク用のチークブラシを使っている。

TOOL
06 ／ コテアイロン＆ストレートアイロン

髪の毛を巻いたり、クセを伸ばすアイロン

なるべく髪の毛に負担がかからないかつ、手へのフィット感を重視。

TOOL
07 ／ コーム

髪の毛をとかすクシ

大小様々な目の荒さでヘアスタイルや作業内容によって使い分けている。

TOOL
08 ／ トリマー

首元の産毛を整えるシェイバー

細身のボディで小回りが効き、細かく剃れてサラッとした仕上がりを作れる。

TOOL
09 ／ ドライヤー

髪の毛を乾かすドライヤー

強い風量と片手でのボタン操作のしやすさが魅力。

いま何かに悩んでる人へ
For Those Who Arecurrently Worried About Something

これを読んでいるあなたは毎日が楽しいですか？
僕は毎日は楽しくありません。
正確にいうと楽しいときもあれば、楽しくないときもあります。
人の一生とはそういうものだと思います。
山あり谷あり、上手くいっていても上手くいかなくなるときが必ずきます。
上手くいっていなくても上手くいくときが必ずきます。
上手くいっているときは存分に楽しめばいいでしょう。
問題は上手くいっていないとき。
時には胸が張り裂けるような思いをしたり、
周りが見えなくなり消えてしまいたくなったり、
腹に溜まったモヤモヤを吐き出さないと気が済まなくなったり、
僕にも一定してそんな時期があります。
大なり小なりどんな人にでもあるはずです。
先程言ったようにこの悪い波の次には良い波がきます。
しかし、それをわかっていないともうここで終わりかのような気持ちになります。

特に若くまだ人生の経験が浅い人。
世の中にはクソな大人がけっこう多いです。
意見を言うと否定される、行動をすると否定されるということがよくあります。
気に食わないというだけで悪い方向へ落とそうとするパターンが
どの社会でもあるので、そんな人たちはオール無視で行きましょう。
また辛いことがあったらどうかここで読んだことを思い出し、
次のいい波やいいことに備えて耐えてほしいです。
体や心のダメージは時間が解決してくれることがほとんどです。
一人ではどうしようもなくなったとき周りの人に頼ってみてください。
一人で抱え込むよりもずっと気持ちが楽になるはずです。
周りに誰も頼れる人がいないとき。
この本を手にとってくれていることが、
僕にとっては一つの繋がりなので僕に相談をしてください。
（Instagram @ukita_bob に DM）
一人ではないということ、辛いことの先にはいいことが待っているということを
信じて将来を歩んでほしいです。

そして年齢を重ねた大人の人。
これまでの経験がある分落ち込む頻度は少ないかもしれませんが、
その分落ち込んだときのダメージも大きいはずです。
いままでの経験と比べてしまい、事の重大さがより現実的にわかってしまう。
妻や子供、家族があり自分一人だけの問題ではなくなってしまう。
老後の生き方と向き合わないといけない。
立場やプライドもあり、なかなか人に頼ることも難しくなってきます。
一人でなんとかしなくてはと考えるはずです。
でももう十分ではないでしょうか？
若い頃から一生懸命に働き汗水を垂らし、
頑張ってきたことを周りの人は知っています。
疲れを感じ休むこと、好きなことを楽しむことに誰も文句はないはずです。
大人でも逃げてもいいし、失敗してもいいと思います。
そうなってしまったときには、いま周りにいる人たちが支えてくれるはずです。
いままで支えてきた分、支えてもらうのは至って自然なことです。
きっといま身近にいる周りの人たちは、
大人のあなたが笑っている瞬間を見ていたいと思っています。
大人になって深く落ち込むということは、
それほど自分を削って走ってきた証なので、
まずはじっくりと休みこれからの人生を笑顔で溢れる日々で埋め尽くしてください。
最後に、悩めるということはとても幸せなことだと思いませんか。
生きることに真剣じゃなかったらまず悩むことなどありません。
夢や目標を持つことが偉いわけでもなければ、
頭が良かったりお金がたくさんあっても、
幸せに生きるということにおいて大して重要ではありません。
生きてさえいれば大も小もないので、
生きることに前向きに向き合っているだけで十分です。
そして、人生はこれからもいろいろなことが起こりますが、
一人で生きている人は誰一人としていません。

忘れないでください。
どんな人でも幸せに生きているだけで、誰かを幸せにしているということを。

UKITA BOB

Epilogue

最後まで読んでいただきありがとうござい
ました。僕自身、初の書籍出版となります
が夢に向けての通過点として一つ達成でき
たことを嬉しく思います。そしてこの余韻
に浸ることなく、次の目標へと邁進し続け
ていきます。この本を手にとってくれたあ
なたには何か変化が訪れていますか？あな
たにとっての新しい一歩になっていれば嬉
しいです。ウキタのことを見てくれる全て
の人と「可愛くなりたい全ての女子へ」

美容師 ウキタ（浮田萩介）